Ruth Böskens & Kristin Labuch

# GLÜCKWUNSCH 40

DAS KLEINE BUCH ZUM RUNDEN GEBURTSTAG!



COPPENRATH VERLAG

## Glückwunsch, 40!

KAUM ZU GLAUBEN!
40
SO SAH MAN FRÜHER MIT 20 AUS!!!

WIRKLICH 40?
DAS MUSS ÜBERPRÜFT WERDEN!
DOCH, DOCH, KEINE AUSREDE!
NYC
DIE REIFEPRÜFUNG IST UNUMGÄNGLICH!!

# Reifeprüfung – ein kleiner Test!

**1. Wer oder was ist „Flipper“?**

- ♣ ein Computerspiel
- ★ unser bester Freund, lustig wird's immer, wenn er erscheint
- ♦ eine Jugendbewegung, die in den Achtzigern durch Straßen-schlachten mit den Punks auffiel

**2. Wo fand 1970 die Fußball-Weltmeisterschaft statt?**

- ♦ in England
- ★ in Mexiko
- ♣ in Brasilien

**3. Wie heißt der Kultfilm mit britischem Humor über Propheten, Römer und Freiheitskämpfer in Judäa?**

- ♦ Ben Hur
- ★ Das Leben des Brian
- ♣ Gladiator

**4. Was ist ein Broiler?**

- ♦ ein in Ostdeutschland entwickelter Warmwasserboiler
- ★ ein ziemlich dickes Brathähnchen
- ♣ eine neue amerikanische Motorradmarke

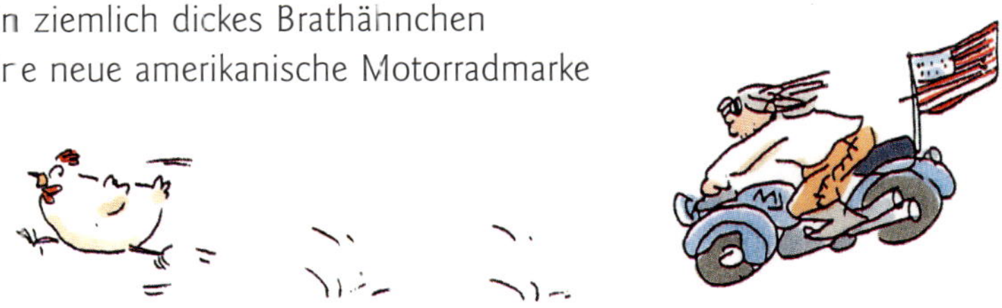

**5. Wer gewann bei der Schachweltmeisterschaft 1975?**

- ♣ Ilya Richter
- ★ Anatoli Karpow
- ♦ Bobby Fischer

**6. Wie heißen die beiden attraktiven „Ulknudeln“ aus der Fernsehserie Klimbim?**

- ♦ Heidelinde Weis und Sabine Sinjen
- ★ Ingrid Steeger und Elisabeth Volkmann
- ♣ Milli Vanilli

**7. Mit welcher Geschirrspülmarke verbinden Sie blumenförmige Aufkleber?**

- ★ Pril
- ♣ Fairy ultra
- ♦ Palmolive

**8. Wie hieß eine beliebte amerikanische Fernsehserie Ende der Siebziger, bei der drei Frauen mit kleidsamen Föhnfrisuren ihre Schlagfertigkeit bewiesen?**

- ♦ Die Drei von der Tankstelle
- ♣ Three Kids on the Block
- ★ Drei Engel für Charlie

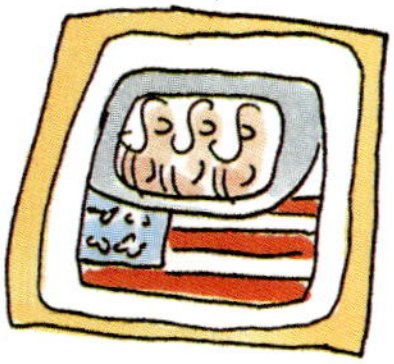

**9. Nennen Sie bitte die Modefarbe der späten Achtziger in der BRD:**

- ♦ rot
- ♣ gold
- ★ schwarz

**10. Wer war beim Endspiel um die Europameisterschaft 1980 Torjäger der deutschen Elf?**

- ♦ Karl-Heinz Rummenigge
- ★ Horst Hrubesch
- ♣ Jupp Derwall

**11. Was ist ein Popper?**

- ♦ ein extra großes, extra weiches Kaugummi zum Blasenmachen
- ★ ein Jugendlicher, der in den frühen Achtzigern durch sein gepflegtes Äußeres und angepasstes Verhalten auffiel
- ♣ der Spitzname für eine neue Produktlinie von VW Anfang der siebziger Jahre

**12. In welchem Sciencefiction-Filmklassiker wird eine kosmische Prinzessin vor der bösen Seite der Macht gerettet?**

- ♦ 2001 – Odyssee im Weltraum
- ★ Krieg der Sterne
- ♣ Star Gate

**13. Wer sang 1984 „Purple Rain"?**

- ♣ Die Prinzen
- ★ Prince
- ♦ Prinzessin Diana

**14. Wie sahen die Bhagwan-Anhänger in den Achtzigern aus?**

- ♦ Jeans, Westernstiefel, Cowboy-Hut
- ★ orange-rote Klamotten, Holzperlenkette, Sandalen
- ♣ schwarze Gewänder, bleiche Gesichter, wirre schwarze Haare

**15. Bei welchem Musik-Film warfen zahlreiche Kinogänger in den frühen 80er Jahren mit Reis und trugen Strapse?**

- ♦ Saturday Night Fever
- ★ Rocky Horror Picture Show
- ♣ Hair

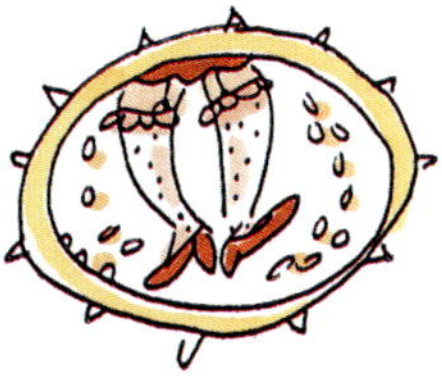

**16. Wer war Falco?**

- ★ ein Pop-Sänger
- ♣ ein Techno-DJ
- ♦ ein TV-Kommissar

**17. Wer gewann 1980 in Wimbledon?**

- ♦ Boris Becker
- ★ Björn Bork
- ♣ Björk

**18. Wer war die Lieblingsgruppe von Lady Di?**

- ♣ The Doors
- ♦ Deep Purple
- ★ Duran Duran

**19. Wer sagte von sich „Ich bin ein Jodeltalent"?**

- ♣ Thomas Anders
- ★ Udo Lindenberg
- ♦ Karl Moik

**20. In welchem Zeichentrickfilm kämpft eine Katzenfamilie aus gutem Haus gegen einen Menschen mit schlechten Manieren?**

- ♦ Fritz the Cat
- ★ Aristocats
- ♣ Cat People

**21. Welcher Name muss vor den Worten „wer sonst" stehen?**

- ♦ Maja, wer sonst
- ★ Werner, wer sonst
- ♣ Campari, wer sonst

# AUFLÖSUNG

Zählen Sie zusammen, welche Symbole Sie am häufigsten angekreuzt haben.

**Sie haben am häufigsten ♦ angekreuzt:**
Was haben Sie in Ihrer Jugend gemacht? Offenbar sind einige Trends der 70er und 80er Jahre spurlos an Ihnen vorübergegangen. Macht nichts. Man muss früher nicht unbedingt jede Modeerscheinung mitgemacht haben, um mit 40 eine starke und erfahrene Persönlichkeit zu sein. Oder zeigen sich bei Innen vielleicht doch schon erste Anzeichen von altersbedingter Vergesslichkeit?

**Sie haben am häufigsten ♣ angekreuzt:**
Ertappt, Ihre mageren Kenntnisse der 70er und 80er Jahre und die auffällige Neigung zu Trends neueren Datums deuten darauf hin, dass Sie erheblich jünger als 40 sind! Probieren Sie es doch in 10 Jahren noch einmal! Oder wollen Sie vielleicht die Erfahrungen und Sünden Ihrer Jugend aus Ihrem Gedächtnis verdrängen?

**Sie haben am häufigsten ★ angekreuzt:**
Einer von uns! Ein bekennender Vierziger! Sie sind mit offenen Augen durch Ihre Jugend gegangen, haben unterschiedliche Trends erkannt und ausprobiert. Mit den Leuten Ihrer Generation verbindet Sie eine Menge ähnlicher Erfahrungen und Erinnerungen. Sie sind ein Kind der 70er und 80er Jahre und stolz darauf!

# Willkommen im Club!

Liebe Freunde, wir sind heute zusammengekommen, um ein neues Clubmitglied in unserer Mitte aufzunehmen. 40 Jahre – schauen wir in die Runde: Macht da etwa jemand ein langes Gesicht? Depression? Sinnkrise? Das geht aber nicht! Jetzt bloß nicht sentimental werden. Durchhalten ist angesagt.

Denn, keine Frage, wir sind einfach Spitze! Wir sind nicht mehr so grün hinter den Ohren wie mit zwanzig, wir plagen uns nicht mehr so mit dem Weichenstellen fürs Leben wie die Dreißiger, wir haben unseren Weg gefunden und den Zenit erreicht. Wir sind schlicht unschlagbar, denn wir bieten alles: Lebenserfahrung, kreative Potenz und jugendlichen Elan. Sportlich, lifestylebewusst und funorientiert, sind wir die jüngsten Vierziger, die es je gab!

Was zählen da die ersten Fältchen oder Krähenfüße? Unser frisch gebackenes Clubmitglied gibt uns das beste Beispiel. Könnte glatt für 39 durchgehen – was für eine Power und Vitalität, was für ein zukunftsgewandtes Denken! Ja, Freunde, wir lassen uns die Butter noch nicht vom Brot nehmen. Wir sind ganz oben. Wie's da aussieht, gucken wir uns später noch genauer an.

Doch zunächst halten wir es mit Friedrich Rückert: „Mit vierzig Jahren ist der Berg erstiegen, wir stehen still und schaun zurück“.

Eine ganz schöne Strecke, die da bereits hinter uns liegt. Was hat uns geprägt in den vier Jahrzehnten, die wir nun schon auf dem Buckel haben? Clubmitglieder erinnern sich!

## DER LÖWE IST LOS (1961–65)

*Guck mal hier, 1961 bin ich geboren, in dem Jahr, als die Mauer gebaut wurde. Erkennt man mich auf dem Babyfoto? Klasse, die Hochsteckfrisur meiner Mutter, was? Und das hochelegante schwarze Shiftkleid! Man assoziiert gleich Jackie Kennedy, Weiteweltsehnsucht und so 'n bisschen Frivolität à la Marylin Monroe… Als ich vier Jahre alt war, durfte ich am Sonntagnachmittag immer die Augsburger Puppenkiste gucken: „Der Löwe ist los". Und ich wünschte mir viele Plüschtiere von Steiff, die mit dem Knopf im Ohr.*

SUSANNE AUS HAMBURG

# DAKTARI UND REVOLUZZER (1967-69)

*Den Kalten Krieg, die Spiegelaffäre, Kennedys Ermordung hab ich als Kind natürlich überhaupt nicht mitgekriegt. Auch die Mondlandung 1969 muss ich wohl irgendwie verschlafen haben. Aber an zwei Fernsehsendungen aus dieser Zeit erinnere ich mich genau: Bonanza und Daktari. Ben Cartwright und Hoss, Judy und Clarence, der schielende Löwe! Mein Vater regte sich damals total über die Studentenunruhen auf. Ein Hippie oder Revoluzzer sollte ich nie werden, das war mit sechs klar. Aber am Kinderfasching haben sie mich dann mit Baskenmütze und Bart als Che Guevara verkleidet. Ich dachte immer, das sei so 'ne Art Penner oder Gauner oder Clown. Ich wär viel lieber als Cowboy gegangen.*

*Ich hab als Kind vor allem mit Barbie-Puppen gespielt. Bis ins Teenie-Alter. Ich wollte später mal genau so aussehen wie Barbie. Und einen Mann finden wie Ken. Barbie ist ja ursprünglich ein deutsches Produkt. Sie hieß 1952 noch Lilli. Irgendwelche Händler exportierten Lilli in die USA, verpassten ihr eine neue Figur, ein neues Outfit und tauften sie in Barbie um.*

MONIKA AUS KASSEL

# SONNIG SELBSTGESTRICKT (1971)

*Anfang der 70er hörte meine Mutter immer Heintje: „Mama, du sollst doch nicht um deinen Jungen weinen". Den Schlager hat die deutsche Plattenindustrie wahrscheinlich als Geheimwaffe gegen den Beat aus England aufgeboten. Ich fand es schrecklich. Viel lieber hörte ich Roy Black. Zu meinem 10. Geburtstag bekam ich die Platte: „Schön ist es, auf der Welt zu sein, sprach die Biene zu dem Stachelschwein ..." Das war die Zeit der Strick- und Häkelpullis, Mützen, Schals, meistens nach Anleitung aus der „Brigitte". Mein Lieblingspulli war so ein hellblau-orange-geringelter mit einer aufgestickten gelben Sonne. Irgendwie fand man damals alles sonnig, trotz der Studentenunruhen. Existenzängste gab's überhaupt nicht. Das kann man sich heute gar nicht mehr vorstellen: Die Arbeitslosenquote in der BRD lag bei 0,5% mit 861.000 offenen Stellen auf dem Arbeitsmarkt!*

BARBARA AUS ESSEN

## MEISTER NADELÖHR (1971)

*Ich weiß noch genau: 1971 löste in der DDR Erich den Walter ab. Ich war damals zehn Jahre alt und hab mit meiner kleinen Schwester immer „Zu Besuch im Märchenland“ im Fernsehen geguckt. Die Sendung mit Meister Nadelöhr, seinem Partner Meister Briefmarke und den Handpuppen Pittiplatsch und Schnatterinchen. In dem Jahr gab's auch 'ne neue Sendung des Berliner Rundfunks, so mit Infos über das regionale Sportgeschehen, die hieß „He, he, he, Sport an der Spree“. Auf den Frühstückstisch kam zu der Zeit CAMA, eine Halbfett-Margarine. Ob das 'ne Nachahmung der westdeutschen „Rama“ sein sollte, keine Ahnung.*

## GLITZERKLAMOTTEN UND HÄKELKÄPPCHEN (1974)

*Meine Eltern, meine Brüder und ich saßen oft abends mit Schnittchen und Salzstangen vor dem Fernseher. „Dalli-Dalli“ lief, „Am laufenden Band“ mit Rudi Carrell und natürlich nicht zu vergessen das legendäre Eurovisionsfestival 1974: „La Suède, douze points“. Wir haben alle Abba die Daumen gedrückt und „Waterloo“ hat tatsächlich gewonnen! Agnetha, Annafrid, Benny und Björn, was waren die klasse mit ihren Glitzerklamotten! Mein absoluter Schwarm in der ganzen Teenie-Zeit war Agnetha mit ihrem silbernen Häkelkäppchen. Genau mein Frauentyp. Aber die Zeit der Dancing Queens ging ja eigentlich erst später richtig los. Erst mal kam 1975 der Film „Der weiße Hai“ in die Kinos. Den musste jeder pubertierende Junge gesehen haben.*

DAVID AUS GÖTTINGEN

## NINA HAGEN UND DER FARBFILM (1975)

*Wir hatten in der DDR so 'ne Zeitschrift, die hieß „Neue Berliner Illustrierte“. Da war 1975 Nina Hagen noch ganz groß vorne drauf. Sie war bekannt durch den Hit „Du hast den Farbfilm vergessen“. Aber die meisten werden sich wohl eher an ihre späteren Westtitel erinnern wie zum Beispiel „Ich glotz TV!“ oder diese Zarah Leander-Lieder „Ich weiß, es wirrrrd einmal ein Wunderrrr geschehn“.*

KAI AUS CHEMNITZ

# SATURDAY NIGHT FEVER (1975)

*Die beste Musiksendung im Fernsehen war „Disco" mit Ilya Richter. Das habe ich schon ab 1975 immer gesehen. Das Musical „Grease" mit John Travolta und Olivia Newton-John war für mich mit 16 das größte! „You're the one that I want, u u uu". Ich war damals im Besitz einer neuen dunkelroten Schlaghose mit silberner Weste und tanzte auf den Schulpartys wie ein Besessener. Zu den Bee Gees mit „Staying alive, a-a-a-a staying alive" und natürlich Barry White mit „Let the music play". Ich schwärmte für eine aus meiner Parallelklasse, die war so richtig cool mit ihrem hautengen silbernen Catsuit und Glitzersöckchen. Nur, dass damals so hohe Schuhe modern waren, das fand ich doof. Da war man als Mann neben den Frauen doch immer relativ klein.*

WOLFGANG AUS MÜNCHEN

## THEO GEGEN DEN REST DER WELT (1980)

*Den Begriff „Spontis" gab's ja schon einige Zeit. Ich fühlte mich auch wie einer. Nicht so viel Politagitation, mehr Anarcho, weniger Kopf, mehr Bauch, weniger Auto, mehr Fahrrad. Die Musik der Gruppe Ideal („Deine blauen Augen machen mich so sentimental") und der Film „Theo gegen den Rest der Welt" entsprachen mit 19 genau meinem Lebensgefühl. Und natürlich die Rockoper von Pink Floyd „The wall": „We don't need no education ..." Gab's damals nicht auch schon den Spruch „Weg mit den Alpen, freie Sicht aufs Mittelmeer"? Man las Tolkiens „Herr der Ringe" und „Wir Kinder vom Bahnhof Zoo".*

MICHAEL AUS ESSLINGEN

# BAP UND BIOLÄDEN (1981)

Der Umweltgedanke, Bioläden, WGs und die Musik von BAP, mit 20 meine Welt! Nach dem schweren Unfall 1979 im Atomkraftwerk Harrisburg/USA, da war'n plötzlich alle geschockt. Sogar meine Eltern, die immer ganz entschieden für die so genannte friedliche Nutzung der Kernenergie waren. Was hatte ich für Diskussionen mit denen! 1981 gab's dann auch in der BRD Massendemos gegen das Kernkraftwerk Brokdorf. Ich war natürlich dabei und jeden Tag, bevor ich aus dem Haus ging, hab ich den gelben „Atomkraft, nein danke"-Button an meinen Parka, an mein indisches Halstuch oder an mein lila Sweatshirt gesteckt.

DANIELA AUS KÖLN

## RIO REISER, HAUSBESETZER UND FRIEDENSBEWEGTE (1981)

*„Wenn ich König von Deutschland wär", eines meiner absoluten Lieblingslieder. Ich war nicht direkt Hausbesetzer, aber irgendwie sympathisierte ich schon mit denen. Häuser leer stehen lassen, nur damit irgend so ein Spekulant die große Kohle macht? Bei der Friedensdemo in Bonn 1981 gegen das Wettrüsten bin ich mitmarschiert, logo. Den Spruch „Stell dir vor, es ist Krieg und keiner geht hin", ich glaube, den kannte damals jeder. Und auch den hellblauen Friedenstauben-Sticker. Irgendwie erinnert mich der immer an selbst gedrehte Zigaretten und Palästinenser-Tücher.*

# PUNKS UND POPPER (1981)

*Mir gefielen die Punks. Ein echter war ich nicht, aber immerhin hatte ich mehrere bunte Haarsträhnen und Jeans mit Löchern am Knie. Auf alle Fälle wollte ich nicht wie so ein Popper aussehen oder gar wie ein Ted. Ich hörte damals vor allem die Sex Pistols, Public Image Limited mit „This is not a love song“ und später natürlich die Münchener Gruppe United Balls mit „Pogo in Togo, Samba in Uganda, Coca Cola in Angola“. Die Wände in meinem Zimmer malte ich schwarz an und ein Freund von mir sprayte Graffiti drüber. Ziemlich abgefahren das Ganze, aber damals hat's mir gut gefallen.*

MARKUS AUS AUGSBURG

## NEW WAVES (1982)

*Irgendwann hatten die Leute die Demos satt. Das fing mit Jane Fonda und der Aerobic-Welle an und plötzlich waren überall New Waves angesagt: politisch, sportlich, in der Mode und Musik. Im deutschen Fernsehen lief „Dallas", Schulterpolster und Kostüme wurden wieder beliebt. Jeder ließ sich eine Dauerwelle machen, viel Volumen und so. Meine Mutter ging jetzt dienstags nicht mehr zu „Amnesty international", sondern in einen Aerobic-Kurs in der Volkshochschule. Meine Schwester strickte sich aus hellrosa Angorawolle solche Stulpen, wie sie Jennifer Beals in „Flashdance" anhat: What a feeling …*

# THRILLER UND 99 LUFTBALLONS (1983)

*Chaplinhosen, Netz-T-Shirts, Röcke mit Tigermuster und Karottenjeans, in einem Mix von Benetton und Schmuddellook der frühen Madonna, so bin ich damals rumgelaufen. An Cowboystiefel kann ich mich noch erinnern und an diese Muskelshirts in Neonfarben. Der frühe Michael Jackson mit „Beat it", das waren Parties! Die LP „Thriller" besaß ich auch. Als Nena „99 Luftballons" sang, da hab ich gerade meinen 20. Geburtstag gefeiert! Mensch, kam ich mir da erwachsen vor! So um dieselbe Zeit hatte die Gruppe Geier Sturzflug den Hit: „Jetzt wird wieder in die Hände gespuckt, wir steigern das Bruttosozialprodukt". Leistung war plötzlich wieder wichtig und alle düsten, düsten, düsten im Sauseschritt mit diesen riesigen Schulterpolstern in die Neunziger und ins 3. Jahrtausend...*

NICOLE AUS DÜSSELDORF

# Typisch 40!

Da sind wir nun, ganz oben auf dem Berg. Und wie fühlen wir uns dabei? Der Wind pfeift ganz schön um uns herum hier oben!
Frühere Jahrgänge waren mit 40 meist saturierte Leute, fanden Anerkennung im Beruf, Achtung in der Familie, durften sich allmählich auf den Früchten ihres Erfolgs ausruhen, unbesorgt Falten kriegen, Speck ansetzen, kurz: alt aussehen. Beneidenswert?
Im 19. Jahrhundert ließen sich die Jungen einen Vollbart wachsen, trugen schwarze Anzüge, setzten Kneifer und schwarze Melonen auf, um endlich reif und erwachsen zu wirken.
Respekt, dottore. Küss die Hand, gnä' Frau!
Für uns hält die Gesellschaft ein anderes Ideal bereit: ewige Jugend! Und das bedeutet positive Herausforderung und Stress zugleich. Wir schminken uns auf jugendlich, verhüllen unsere Hinterkopfglatze, sind erfolgreich, jung, trendy und schön.

Und doch ist der 40. Geburtstag, wie die Jahrgänge 61 aufwärts wissen, eine nicht ganz unkritische Marke. Fast ein Einschnitt, eine Zäsur. Von heute auf morgen wird man zu den alten Jungen oder, besser gesagt, zu den jungen Alten gezählt. Eigentlich hat sich doch gar nichts geändert über Nacht, oder? Doch, das Bewusstsein offensichtlich ...

Freunde, machen wir uns nichts vor: Das Leben ist keine reine Party mehr. Für die Werbeindustrie sind wir out, die Charts werden von unbekannten Gruppen beherrscht, in Film und Fernsehen tauchen ständig neue Gesichter auf und auch die Chefs werden immer jünger. Vom Türsteher in der Disko müssen wir uns anhören, dass das Lokal inzwischen für Stammgäste reserviert ist. Die Hose vom letzten Jahr kneift und vor dem Spiegel stellen wir fest, dass das neu gekaufte bauchfreie Top, auch wenn wir noch so viel daran herumzupfen, etwas länger vermutlich irgendwie besser aussehen würde ... Vielleicht sollten wir uns doch leichter, fettärmer, am besten vegetarisch ernähren?

Das Welken der Schönheit allein wäre zu verkraften. Wozu gibt es schließlich Trendfrisöre, Kosmetiksalons, Fitnessstudios, Farbberatung, Schönheitsfarm, Gesichts- und Ganzkörperlifting, Jazzdance, Joggen, Powerwalking ...

Nein, was vielen von uns mit vierzig viel mehr zu schaffen macht, ist der Erfolgsdruck im Beruf, der gehetzte private Alltag mit Part-time-lovern, Lebensabschnittsgefährten, Kindern, die langsam aus dem niedlichen Alter herauswachsen ... und, ach, die Liebe. „True romance" hat sich in „Love is a battle field" verwandelt. Wir kommen nicht umhin, Schopenhauer Recht zu geben, der behauptete: „Heiraten heißt seine Rechte halbieren und seine Pflichten verdoppeln."

Nicht wenige scheren da einfach aus, rund um uns herum hagelt es Trennungen und Scheidungen. In ruhigen Momenten fragt sich selbst der Single: Wozu eigentlich Tag für Tag malochen? Soll das alles gewesen sein? Wo bleibt die große Liebe, die erste Million, die Weltumseglung, das Leben, von dem wir mit 20 geträumt haben?

Sinn Suchende des 21. Jahrhunderts blättern besser erst mal in Ruhe in den Lifestylezeitschriften. Auf Hochglanzpapier wird hier dem Bluesgeplagten vor Augen geführt, was man vor, während und nach der Krise anzieht, wie man wohnt, was man isst, wohin man reist, wie man am Arbeitsplatz reüssiert und sein Geld anlegt. Manch Vierziger greift zurück auf die Sonderangebote der Esoterik-Messen, andere schwören auf Extremsport (z. B. Besteigung des Mount Everest), Abenteuerurlaub (Kanufahrt auf dem Amazonas), Volkshochschule, Mannschaftssport, legale Drogen (Johanniskraut, Kawa-Kawa, grüner Tee), wieder andere surfen im Internet oder in Kalifornien. Nicht zu vergessen alle Maßnahmen zur psychischen Generalüberholung (Zen, Tai Chi, Qui Gong, Kung Fu, Ayurveda oder der Seelenklempner um die Ecke).

Doch ob Cocooning oder Cybersex, Lover oder Lifting, Hanteln oder Handarbeit, Fastenkur oder Volkshochschule, für welches Krisenmanagement sich unser Geburtstagskind auch entscheidet: Krisen kommen, Krisen gehen. Letztendlich gilt immer: Plötzlich, manchmal ganz einfach über Nacht, macht das Leben wieder Spaß! „Jedes Jahrzehnt des Menschen hat sein eigenes Glück, seine eigenen Hoffnungen und Aussichten", wusste schon der alte Goethe.
Wir sind nicht zu alt, um noch dazuzulernen, frei nach dem arabischen Sprichwort: „Mit 40 Jahren wird der Verstand vollständig; außerdem heilen in diesem Alter Wahnsinn, Krätze und Aussatz." Na bitte.
Das beste Trostwort aber hält Theodor Fontane für uns bereit: „Von vierzig bis fünfzig ist die beste Lebenszeit!"
In diesem Sinne, Freunde, denkt immer daran, was uns Bobby McFerrin schon 1988 geraten hat:

40
SCHAU IN DIE SONNE – UND DEIN SCHATTEN FÄLLT HINTER DICH!
DON'T WORRY, BE HAPPY!

## 40 – Zeit der Krisen

### UNTERWERFUNG ...

*Dirk fühlte sich unverstanden von Maike. Nun hatte er sich doch schon das Sitzpinkeln angewöhnt und räumte jeden Morgen nach dem Frühstück seine Müslischale in die Spülmaschine. Was verlangte sie eigentlich noch von ihm?*

### POOR LONESOME COWBOY ...

*Harry hätte nie gedacht, dass er doch so unter der Trennung von Susanne leiden würde. Einsam und verlassen hockte er in seinem roten Ledersessel. Wessen Geschwätz sollte er jetzt ignorieren?*

## SELBSTHEILUNG...

*Dagmar hatte sich spirituell beachtlich weiterentwickelt. Nach dem Rebirthing-Seminar, das ihr Robert zum 40. spendiert hatte, unterzog sie sich einer Schweißanalyse und erfuhr, dass ihre Probleme mit einem Fehltritt ihres Großvaters mütterlicherseits in Zusammenhang standen und durch Meditation und regelmäßige Schaumbäder zu beseitigen waren. Seitdem fühlte sie sich erheblich besser.*

## AUSSTERBENDE MODELLE...

*Als Lars an seinem 40. die Geburtstagstorte anschnitt, spürte er es genau: Eine Veränderung stand ins Haus. Nicki wurde allmählich unverschämt in ihren Forderungen. Er würde sie demnächst gegen ein unkomplizierteres Modell eintauschen müssen. Vielleicht diesmal eine Rothaarige? Denn eins war klar: Scheidung kam nicht in Betracht. Eine Frau wie Irmi, die ihr eigenes Geld verdiente, die Kinder erzog, Torten backte und ihm den Haushalt führte, müsste man unter Artenschutz stellen. So eine würde er wohl nie mehr auftreiben.*

## NIX WIE WEG !

*Jens hatte einfach keinen Bock mehr, einen auf depri zu machen, nur weil er mit 40 arbeitslos war. Mit dem Geld, das ihm Onkel Theo geborgt hatte, buchte er einen Flug nach Bombay, einfach, versteht sich. Mal sehen, was da so lief.*

## WORKAHOLICS ...

*Robert knipste den Computer aus. Geschafft! Er zündete sich eine Zigarette an, fühlte aber trotzdem eine Panik aufsteigen, als sein Blick auf den dunklen Fleck an seiner Hand fiel. Hatte er den eigentlich schon immer? Mist, jetzt müsste er morgen zwischen der Arbeitsbesprechung mit Pfeifer und dem Squashtraining auch noch zum Dermatologen. Hatte man denn nie seine Ruhe?*

## HOME, SWEET HOME…

*Cordula fröstelte. Musste sie jetzt mit 40 nach der Trennung von Gebi wieder durch die Clubs und Kneipen touren wie mit Ende 20? Schon der Gedanke daran erschreckte sie. Ein neuer Mann? Nein, sie und der Fernseher waren einfach ein zu perfektes Paar.*

## HARMONIEN…

*Die Einrichtung nach den Regeln von Feng Shui waren gar nicht so einfach. Aber dann, mit Mitte 40, hatte Heike eine ideale Lösung gefunden.*

## NEOGROSSFAMILIEN...

*Silke, darf ich dir meine Familie vorstellen? Das sind Mutter und ihr Lebensgefährte. Hier mein Sohn Leo, meine Töchter Karen und Elsa und meine Exfrauen Karin, Eva und Moni. Und das sind die Geschwister meiner Kinder: Oliver, Bertil, Klara, Mauritius und Lennart. Und hier rechts steht John, der jetzige Mann meiner zweiten Exfrau, Martin, der dritte Mann meiner ersten Frau. Und das ist meine derzeitige Lebensgefährtin Silke, wie ihr seht, gerade im 7. Monat schwanger. So, ich glaube, jetzt können wir loslegen und die Geburtstagstorte anschneiden!*

# Und was sagen die Sterne?

Also, mit 40 …

… nimmt der Widder (21.3.–20.4.)
es noch mit jedem Punchingball auf.

… geht der Stier (21.4.–20.5.)
nicht mehr auf jedes rote Tuch los.

… sind Zwillinge (21.5.–21.6.)
gemeinsam unausstehlich.

… haben die Krebse (22.6.–22.7.)
die Entscheidung zwischen Einsiedler
oder Familientier getroffen.

… sind die Löwen (23.7.–23.8.)
die strahlenden Aufsteiger im Kampf des Lebens.

… haben die meisten Jungfrauen (24.8.–23.9.)
die Hoffnung auf Statusveränderung noch nicht
aufgegeben.

... suchen die Waagen (24.9.–23.10.)
noch immer ihr Schicksal mit verbundenen Augen.

... wacht mancher Skorpion (24.10.–22.11.)
wie von der Tarantel gestochen auf: Hölle, wo ist mein Stachel?

... hat der Schütze (23.11.–21.12.)
endlich gelernt: Erst zielen, dann schießen.

... träumt der Steinbock (22.12.–20.1.)
von immer höheren Herausforderungen.

... ist der Dreizack des Wassermanns (21.1.–19.2.)
von beispielloser Treffsicherheit.

... sind die Fische (20.2.–20.3.)
immer noch der Schwarm ihrer Bewunderer.

## Inhalt